L'ENLÈVEMENT

DES

SABINES.

ÉPITRE

Contenant l'Analyse burlesque du Ballet – Pantomime représenté, pour la première fois, à Paris, sur le Théâtre de l'Académie impériale de Musique, le 25 Juin 1811.

PAR LE POÈTE DU GROS-CAILLOU.

PARIS,

Chez MARTINET, Libraire, rue du Coq;
Et chez tous les Marchands de Nouveautés.

1811.

DE L'IMPRIMERIE DE HOCQUET ET Cᵉ.,
RUE DU FAUBOURG MONTMARTRE, Nᵒ. 4.

L'ENLÈVEMENT

DES SABINES.

ÉPITRE A M. ***

Du Cros-Caillou, le 28 Juin 1811.

JE ne sais trop comment m'y prendre
Pour satisfaire ton désir :
Tu veux, pour charmer ton loisir,
Que je me charge d'entreprendre
De te faire dans mes écrits ,
En dépit de tous les obstacles,
De doctes ou piètres récits
De ce qui se passe aux spectacles :
Et, pour compléter le travers ,
Ton esprit, dédaignant la prose,
Veut, pour mieux compliquer la chose,
Que ces récits soient faits en vers.
  Ma foi, sur une telle affaire,
Je ne promets pas de bien faire :
Je ferai pourtant de mon mieux ;
Mais, hélas! je tremble (et pour cause)
Que ce mieux ne soit pas grand' chose.

Du reste, s'il est ennuyeux,
Gronde, baille et ferme les yeux,
Me voilà prêt.... chût!.... paix!.... silence!
Prête l'oreille! je commence.
　　Le sujet que je vais traiter
N'est point de ces choses mesquines
Que se plaisent de raconter
Les *mères-grand* à leurs voisines:
La Barbe bleue et Cendrillon
Ont fait bien plus carrillon
Que l'Enlèvement des Sabines.
　　C'est le nom du ballet nouveau,
Ou plutôt de la pantomime
Dont je vais tracer le tableau,
En mettant les gestes en rime.
　　Pour prendre la chose au bon bout,
Et bien commencer mon ouvrage,
Je dois t'indiquer, avant tout,
Le nom de chaque personnage.
D'abord le fameux Romulus;
Le roi des Sabins, Tatius;
Sa fille, la fière Hersilie;
Le jeune Romain Tribunus;
Puis, Acron, roi de Céninie,
Et l'intéressante Clélie,
Fille du seigneur Spurius.
　　On voit arriver à la file
Tous les peuples que les Romains
Ont invités aux *jeux forains*
Qu'ils doivent donner dans leur ville.

(5)

Ces derniers vont au-devant d'eux,
Sur l'annonce des hérauts d'armes;
Les dames viennent deux à deux
Étaler l'éclat de leurs charmes;
On les invite à se placer,
Bientôt on les fera danser.

Acron d'abord vient à la tête
De son cortège féminin;
Aussitôt l'Empereur romain
Au papa faisant la courbette,
Lui demande d'un air honnête
De vouloir accorder la main
De ses belles Céniniennes;
Proposant de les marier
Avec ses braves capitaines,
Qui ne peuvent multiplier,
Parce qu'ils n'ont point de Romaines.
A cette proposition,
Le papa refrognant sa mine,
Sans plus ample information,
Se retourne sur le talon,
Et crac, lui présente l'échine.

Piqué de ce brusque refus,
Le fier et bouillant Romulus
Aux siens fait d'abord la grimace :
Mais il se ravise aussitôt,
Fait signe de ne dire mot,
Et chacun demeure à sa place.

Ensuite messieurs les Sabins,
Accouplés avec leurs Sabines;

Frères, oncles, neveux, cousins,
Sœurs, tantes, nièces et cousines,
Ayant en tête Tatius
Et la dédaigneuse Hersilie,
Défilent devant Romulus.
    La belle lui paraît jolie ;
Auprès du père, sans tarder,
Il s'en va pour la demander.
Tatius hausse les épaules,
Et semble dire : « Petit roi,
» Notre fille n'est pas pour toi! »
    Sans perdre de vaines paroles,
A ses guerriers, le fier Romain
Fait quelques signes de la main,
Aussitôt la fète commence.
    Tandis qu'on s'amuse à la danse,
Romulus, qui n'est pas un sot,
A chacun fait passer le mot ;
Puis il trousse, avec élégance,
Le pan de son riche manteau :
Alors le bal est à veau-l'eau ;
Chaque Romain, avec courage,
Saisit, pour sa part du butin,
Une femelle de Sabin ;
Malgré les efforts et la rage
Des pères, maris et cousins,
Les Sabines sont au pillage,
Et les Sabins près du veuvage
Ainsi que les Céniniens.
    Romulus enlève Hersilie,

Tribunus la tendre Clélie ;
Le roi, le prince, le soldat,
Chacun trempe la main au plat,
Et parmi ce remu-ménage
Prend sa portion de potage.
    Sur leurs ravisseurs inhumains
Les sauvages Céniniennes,
En véritables comédiennes,
Tapent des pieds, tapent des mains,
Afin d'échapper de leurs griffes ;
Mais dans le temple de Junon,
Sous la garde des saints pontifes,
On les conduit en garnison.
    Les hommes, trouvant malhonnête
Le sort qu'on prépare à leur tête,
Prennent un maintien assuré
Et font signe le poing serré.
Romulus craint peu leurs bravades,
Il sort avec ses camarades,
Et semble dire : « Grands cocus,
» De ma main vous serez vaincus. »
    Quand le second acte commence,
Le pontife, avec complaisance,
Autour du pot semble roder ;
Il s'adresse aux belles captives,
Et cherche à leur persuader
Qu'il faut moins faire les rétives,
D'autant mieux que, malgré leurs soins,
Il n'en sera ni plus, ni moins.
    Voyant ses remontrances vaines,

Il plante là ces inhumaines
Qui s'obstinent à tout braver.
   Nos femelles se croyant seules,
Deux d'entr'elles (les plus bégueules)
Finement veulent se sauver;
Mais les prêtres les en empêchent,
Et très-à-propos les repêchent.
   En ce moment vient Tribunus
Annoncer, d'un air fort honnète,
La défaite prompte et complète
D'Acron, vaincu par Romulus.
   Bientôt celui-ci vient lui-même
Entouré de ses prisonniers,
Et sur le front de ces derniers
On remarque une honte extrême;
Autant ils étaient furibonds,
Et fesaient des sauts et des bonds,
Lorsqu'on leur enlevait leurs femmes,
Autant ils paraissent soumis
Et ressemblent à ces maris,
Bons apôtres, célestes ames,
Comme on en voit tant à Paris.
Autour d'eux les femmes se pressent,
Les embrassent et les carressent;
Puis, voulant fléchir le courroux
Du roi qui cause leur détresse,
Elles tombent à ses genoux;
Mais il dédaigne leur faiblesse :
Les hommes boivent cet affront
En mettant la main sur le front.

(Chacun sent où le bât le blesse.)
Les femmes ont beau supplier ,
Pleurer , implorer sa clémence ,
Romulus , dans sa résistance,
Est aussi ferme qu'un pilier ,
Et leur dit que c'est un outrage
De refuser le mariage.
Les Céniniennes , enfin ,
Qui veulent en voir une fin ,
Ne marchandent pas davantage :
Elles acceptent pour maris
Des gaillards frais et bien nourris.
Alors sur le front des Sabines
Se montre l'indignation;
Car , malgré la contagion ,
Elles font toujours les mutines ;
Mais comme tout doit s'arranger
Au bénéfice de l'affaire ,
Un augure les fait changer
Et d'humeur et de caractère.
  Une d'entr'elles, cependant ,
La fière et superbe Hersilie
Réserve encore un coup de dent
A la main qui les humilie.
Romulus a beau supplier
La séduisante pigrièche ,
Elle assure d'un air revêche
Ne point vouloir se marier.
  On rit de son air magnanime ,
Croyant que ce n'est qu'une frime ;

Elle se retire à l'écart,
Et lorsque Romulus l'approche,
Elle se saisit d'un poignard
Qu'elle avait, je crois, dans sa poche,
Et veut s'en pourfendre le lard.
Le fer brille et répand l'allarme,
On n'eut pas crû son sang si chaud ; (*)
Romulus qui n'est pas manchot,
Fort adroitement la désarme.
Or, vous devez bien vous douter
Que ceci n'est qu'une finesse
Afin de prolonger la pièce,
Car de tout on doit profiter :
Une seule femme cruelle
Ne pourrait tenir si long-tems,
Et comme on dit, une Hirondelle
Ne doit pas faire le printems.....
Mais reprenons notre missive:
　　Après ce moment de fureur,
On annonce un ambassadeur,
Lequel tout aussitôt arrive.
De la part du roi des Sabins
Il enjoint à tous les Romains
De restituer les Sabines,
A peine de payer les frais,
Dépens, dommages, intérêts
Qu'on taxera sur leurs échines.
　　Les Romains marquent leur refus
Par une attitude assurée ;
L'ambassadeur un peu confus,

Dit que la guerre est déclarée ;
Lors les épouses des Romains
Se plaignent d'être sitôt veuves ,
Elles comptaient que les destins
Les mettraient à d'autres épreuves,
Car déjà leurs nouveaux maris
D'elles sont tellement chéris ,
Que leur absence les désole ;
Hersilie même, en secret,
Malgré toute sa faribole ,
Est attachée à son objet,
Et par le plus hardi projet
Provisoirement les console.
« Mettons à profit les instans ,
» Volons entre les combattans,
Fait-elle signe à ses compagnes,
» De nos cris, de notre douleur
» Faisons retentir les campagnes. »
    Toutes approuvent sa valeur ,
Et chacune, vaille que vaille,
La suit sur le champ de bataille.
    L'acte second , comme tu vois,
Ici fait place à l'acte trois.
    Les deux peuples sont en présence,
Chacun fait bonne contenance ;
Romulus lorgne Tatius,
Tatius brave Romulus ,
Tous deux ont la mine sournoise
Et brûlent de se chercher noise.
Chacun d'eux , en brave guerrier ,

Provoque un combat singulier.
  Pour ce combat tout se prépare,
Les champions, sans dire gare,
Ont déjà fait jaillir l'éclair
Du poli brillant de leur fer,
Et pour terminer l'aventure,
Un coup de théâtre fort beau
Où chaque acteur est en posture,
Retrace le mouvant tableau
Dont David a fait la peinture.
Les Sabines sont à genoux:
Elles témoignent leurs alarmes ;
La pitié succède au courroux,
Les hommes mettent bas les armes,
On entre en accommodement :
Les deux rois partagent le trône ;
Tous deux alternativement
Porteront la même couronne ;
Chacun approuve ce traité.
Tatius, selon les usages,
Ratifie les mariages,
Afin qu'il soit bien cimenté.
Or, chacun ayant sa chacune,
L'allégresse devient commune
Et l'ouvrage est rendu complet
Par un magnifique ballet.

FIN.

(*) Le poëte ne doute pas qu'on ne trouve dans cette
analyse beaucoup de vers qui sentent le terroir du quar-
tier où ils ont été composés ; celui-ci, sur-tout ; ah !..

(Note de l'Auteur.)

www.ingramcontent.com/pod-product-compliance
Lightning Source LLC
LaVergne TN
LVHW011926170726
843501LV00011BA/4236